PHILIPPE LE BEL

ET LA

BULLE « AUSCULTA FILI »

PAR

Félix ROCQUAIN

PARIS

LIBRAIRIE D'Alphonse PICARD

RUE BONAPARTE, 82.

1883

PHILIPPE LE BEL

ET

LA BULLE « AUSCULTA FILI »

PHILIPPE LE BEL

ET LA

BULLE « AUSCULTA FILI »

PAR

Félix ROCQUAIN

PARIS

LIBRAIRIE D'Alphonse PICARD

RUE BONAPARTE, 82.

1883

PHILIPPE LE BEL

LA BULLE « AUSCULTA FILI[1] »

On connaît les termes dans lesquels était rédigée la célèbre bulle *Ausculta fili*, adressée par Boniface VIII à Philippe le Bel, et qui provoqua en France de si grands événements. Dans cette bulle, datée du 5 décembre 1301, le pape disait au roi : « Écoutez, très cher fils, les préceptes d'un père ; prêtez l'oreille aux avertissements d'un maître qui tient la place de Celui qui est maître et seigneur. Rentrez dans le chemin qui conduit à Dieu, et dont vous vous êtes éloigné par votre faute ou à l'instigation de conseillers pervers. Ne vous laissez pas surtout persuader que vous n'avez pas de supérieur et que vous n'êtes pas soumis au chef de la hiérarchie ecclésiastique ; car une telle opinion est insensée, et celui qui la soutient est un infidèle déjà séparé du troupeau du bon pasteur. » Entrant ensuite dans l'énumération des fautes dont Philippe s'était rendu coupable, le pape lui reprochait d'opprimer ses sujets, de violer les libertés de l'Église, de réduire en servitude le clergé de son royaume. Il lui annonçait que, pour remédier à ces désordres, il avait résolu de réunir, au 1er novembre de l'année suivante, un concile à Rome, auquel seraient convoqués tous les prélats du royaume. « Vous pourrez, ajoutait-il, vous trouver personnellement à cette assemblée ou y envoyer des députés. Nous ne laisserons pas d'ailleurs de procéder en votre absence, selon que nous le jugerons convenable[2]. »

---

1. Le présent travail a été lu, le 13 juillet dernier, à l'Académie des sciences morales et politiques, moins certaines additions que ne comportait pas une communication verbale et que je rétablis ici.

2. Dupuy, *Preuves du différend de Boniface VIII et de Philippe le Bel*, p. 48-52.

Par une seconde bulle, datée du même jour, Boniface enjoignait aux archevêques, évêques et abbés du royaume de se rendre audit concile, en vue d'aviser avec eux « à la conservation des libertés de l'Église, à la réformation du royaume, à la correction du roi et au bon gouvernement de la France[1]. » Plusieurs autres bulles, qu'il est superflu de mentionner[2], étaient jointes à celles-là. Jacques des Normands, archidiacre de Narbonne et notaire apostolique, fut chargé, en qualité de nonce du saint-siège, de porter ces bulles en France et de les remettre à leurs destinataires.

Le langage tenu par Boniface dans la bulle *Ausculta fili*, comme sa déclaration sur l'objet qu'il entendait assigner au concile, équivalait à dire qu'il se reconnaissait le droit d'imposer ses décisions à Philippe aussi bien dans les choses qui touchaient à l'ordre temporel que dans celles qui relevaient de l'ordre spirituel. C'est ainsi du moins que furent comprises en France les paroles de Boniface. On sait par quel coup hardi riposta le roi et comment il fit appel à la nation pour défendre avec lui, contre les prétentions du saint-siège, l'indépendance de la couronne. Suivant une opinion généralement admise[3], une bulle apocryphe, dont on attribue la rédaction à l'un des ministres du roi, Pierre Flotte, et où les principes de la bulle *Ausculta fili* étaient reproduits sous une forme abrégée et propre à frapper les esprits, fut d'abord répandue dans le public. Cette petite bulle, ainsi qu'on la désigne d'ordinaire, débutait par ces mots : « Boniface à Philippe, roi de France. Apprenez que vous nous êtes soumis tout à la fois pour le spirituel et pour le temporel ; » et elle finissait par ceux-ci : « Quiconque professe une doctrine contraire, nous le réputons hérétique[4]. » Il est difficile de croire que les contemporains aient pu accepter comme authentique un document qui manquait de toutes les formules usitées à la chancellerie pontificale, et rien ne prouve non plus, d'une manière positive, que ce document ait été, comme on l'a dit, mis en circulation. Je n'ai pas à entrer, sur ce point, dans une discussion qui ne se rattache que par un côté très éloigné à l'objet de ce mémoire. Ce qu'il m'importe de rappeler,

---

1. Dupuy, p. 53.

2. Notamment une bulle qui suspendait les privilèges accordés par le saint-siège à la couronne de France, une autre qui ordonnait au roi de mettre en liberté l'évêque de Pamiers, Bernard Saisset, etc...

3. Boutaric, *la France sous Philippe le Bel,* p. 106.

4. Dupuy, p. 44.

3

c'est que, quelques jours après avoir reçu les lettres du pape, Philippe convoquait à Paris les prélats et les barons de son royaume, ainsi que les députés des communes, à l'effet, disait-il, de délibérer avec eux « sur certaines affaires qui intéressaient au plus haut degré le roi, le royaume, les églises, tous et chacun. » Cette assemblée, considérée par la plupart des historiens comme la première réunion en France des états généraux, se tint, le 10 avril 1302, en présence de Philippe, dans l'église Notre-Dame. Pierre Flotte y porta la parole au nom du roi. « On nous a remis, dit-il, des lettres du pape déclarant que nous devons lui être soumis dans le gouvernement temporel de nos États et que nous tenons la couronne, non de Dieu seul, comme on l'a toujours cru, mais du siège apostolique. » Puis, après avoir exposé divers griefs auxquels donnait lieu, suivant lui, la conduite de Boniface, il demanda à tous ceux qui étaient présents d'aider le monarque à défendre, dans cette circonstance, les libertés du royaume, ajoutant que, pour sauvegarder ces libertés, le roi était prêt à sacrifier ses biens, sa vie et celle de ses enfants. Robert, comte d'Artois, parlant pour la noblesse, répondit que les seigneurs étaient, de leur côté, disposés à maintenir, au prix de leur sang, l'indépendance de la couronne [1]. A la suite de ces discours, des lettres de protestation furent adressées aux cardinaux tant par les nobles que par les bourgeois [2]. Quant aux prélats, à qui le roi avait fait savoir que, s'ils allaient à Rome, il les regarderait comme ses ennemis personnels, ils écrivirent à Boniface une lettre où ils le suppliaient, dans l'intérêt de la paix, de révoquer l'injonction qu'il leur avait faite de se rendre au concile [3].

Philippe ne s'était pas contenté de convoquer les trois ordres de la nation, pour en obtenir une protestation collective contre les doctrines de Boniface. Il avait fait brûler solennellement la bulle *Ausculta fili*. « Le 11 février 1302, écrit l'un de nos modernes historiens, en présence du roi et d'une foule de seigneurs et de chevaliers, au milieu du peuple de Paris, la bulle fut brûlée, et cette exécution fut ensuite criée à son de trompe par toute la ville [4]. » Au point de vue des rapports du roi avec le pape, c'était

1. *Chronique de Guillaume de Nangis*, édit. Géraud, t. Ier, p. 315 (Soc. de l'hist. de Fr., in-8°, 1843). — Dupuy, p. 68.
2. Dupuy, p. 60-62.
3. Dupuy, p. 67-71.
4. Michelet, *Hist. de Fr.*, t. III, p. 69.

là un acte plus considérable que ne le pouvait être même la convocation des trois ordres. Il constitue, on peut le dire, un fait capital dans l'histoire religieuse et politique de la France. Dans cet acte de Philippe le Bel, on n'a pas vu seulement comme une suprême déclaration de guerre des souverains séculiers à la cour de Rome; on y a vu l'annonce de la Réforme, et Philippe a été regardé, non sans raison, comme un précurseur de Luther. Tous nos anciens historiens, Félibien dans son *Histoire de Paris*, Baillet dans son récit des *Démêlés de Boniface VIII avec Philippe le Bel*, Fleury dans son *Histoire ecclésiastique*, et, à notre époque, les auteurs de l'*Histoire littéraire*, Tosti dans son *Histoire de Boniface VIII*, Boutaric dans *La France sous Philippe le Bel*, et d'autres écrivains dans des histoires plus générales ont mentionné, en des termes analogues, cet important événement[1]. S'il est un fait qui paraisse acquis à l'histoire, c'est celui-ci. Or, sur ce fait, j'ai conçu les doutes que je ne crois pas inutile de soumettre à l'appréciation du lecteur.

Dans la mention de cet événement, tous les historiens que j'ai cités, — à deux ou trois exceptions près, — se sont appuyés uniquement sur un texte inséré par Dupuy dans son volumineux recueil intitulé *Preuves du différend de Boniface VIII et de Philippe le Bel*, et en tête duquel se trouve une préface où l'auteur a résumé l'histoire de ce différend. Ce texte, dont il importe de rappeler ici les termes, est ainsi conçu : « Le dimanche après l'octave de la Purification de l'année 1301, — c'est-à-dire dans notre style moderne le 11 février 1302, — le roi de France fit brûler une bulle du pape en présence de tous les nobles et d'autres personnes qui se trouvaient ce jour-là à Paris, et il fit ensuite crier cette exécution à son de trompe par toute la ville[2]. » Pour juger du degré d'autorité qu'il convient d'attribuer à un texte aussi précis, il eût fallu recourir au document original. Malheureusement il y a tout lieu de le croire perdu. Aucun des historiens qui ont reproduit ce passage ne l'a vérifié sur le document dont il a été tiré, et Dupuy paraît être le seul qui l'ait eu

---

1. J'ai moi-même, si j'ose me citer après ces noms, rapporté ce fait dans mon volume sur *la Papauté au moyen âge*. Paris, Didier, 1881.

2. « Nota quòd, die dominicà post octavam Purificationis Beatæ Mariæ 1301, rex Franciæ fecit comburere bullam papæ in medio omnium nobilium et aliarum personarum quæ erant eàdem die Parisius, et cum trompis fecit ejus bullæ combustionem per totam villam Parisius præconizari. » Dupuy, p. 59.

entre les mains. Encore n'en donne-t-il ni la date ni l'origine, et il se contente de dire qu'il a emprunté à un ancien manuscrit (ex veteri libro mss.) le texte qu'il rapporte. On avouera qu'un texte cité dans de telles conditions a lieu d'éveiller quelque défiance. La défiance augmente si l'on considère combien le recueil de Dupuy laisse à désirer sous le rapport de la critique; que les pièces y sont reproduites parfois d'une manière défectueuse, les dates mal établies; qu'aucune distinction n'y est faite entre les pièces apocryphes et les pièces authentiques, et que Dupuy lui-même n'est pas toujours de bonne foi. Bien que, dans ce texte, la bulle *Ausculta fili* ne soit pas expressément désignée, il ne paraît pas douteux que ce ne soit à cette bulle que l'écrivain anonyme ait entendu faire allusion. Quelques lignes insérées par Dupuy à la suite de ce texte et empruntées par lui au même manuscrit peuvent d'ailleurs être invoquées à l'appui de cette opinion. « Quinze jours avant cet événement, ajoute l'auteur anonyme, le roi avait déclaré en présence de toute sa cour qu'il condamnait ses fils, s'ils reconnaissaient tenir le royaume de France d'un autre que Dieu [1]. » La bulle *Ausculta fili* n'ayant excité le ressentiment du roi que parce qu'elle lui paraissait nier l'indépendance de sa couronne, il y a un lien manifeste entre les deux narrations. Il est vrai que cette déclaration de Philippe ne se trouve mentionnée dans aucun chroniqueur; ce qui est une nouvelle raison pour n'accepter qu'avec réserve le premier de ces deux récits [2].

Avant d'entrer dans le vif de la question, il est un point qu'il importe d'établir. Le caractère d'exécution légale que certains historiens semblent attribuer à la mise au feu de la bulle *Ausculta fili* doit être absolument repoussé. Pour que le fait de brûler des écrits eût alors ce caractère, il fallait que ces écrits eussent été préalablement condamnés comme hérétiques. Philippe n'avait aucune qualité pour prononcer une condamnation de ce genre, la seule autorité compétente en cette matière étant celle de l'Église.

---

1. « Item a die Veneris ante diem dominicam erant elapsi quindecim dies, quòd rex condemnavit filios suos in præsentiâ totius curiæ suæ et procerum omnium qui erant præsentes, si advoharent ab aliquo vivente, nisi solummodo a Deo, regnum Franciæ. »

2. Sismondi (*Hist. des Français*, t. IX, p. 88) semble concevoir quelques doutes sur l'authenticité de ces deux textes ou tout au moins sur la véracité de leur auteur, mais il n'entre à cet égard dans aucune explication.

A la vérité, l'un des légistes du roi, Pierre Du Bois, qui croyait ou plutôt feignait de croire que la « petite bulle » était l'œuvre de Boniface, soutenait, dans un mémoire, que le pape pouvait être déclaré hérétique à raison des doctrines énoncées dans cette bulle[1]. Mais Philippe, qui, au plus fort de sa querelle avec Boniface, se donnait le titre de défenseur de la foi et ne ménageait pas à son adversaire la qualification d'hérétique, sentait si bien son incompétence pour condamner celui-ci comme tel, que, du vivant du pontife et même après sa mort, il ne cessa de requérir à cet effet la convocation d'un concile général, seul capable à ses yeux de porter une semblable condamnation. La mise au feu de la lettre pontificale n'eut donc aucun caractère juridique. Le roi ne put la faire brûler que pour faire injure au saint-siège, par une sorte de défi, et comme pour montrer au pape qu'il méprisait tout ensemble ses prétentions et ses menaces.

Le caractère propre du fait dont il s'agit étant ainsi établi, examinons de plus près le texte de Dupuy. On y remarque trois assertions très nettement formulées : 1° une bulle a été brûlée à Paris en présence des seigneurs rassemblés et de quelques autres personnes ; 2° elle l'a été par l'ordre du roi ; 3° une grande publicité fut ensuite donnée et aussi par son ordre à cette exécution. Si ce texte est véridique, le fait a eu en France et particulièrement à Paris un grand retentissement. Or aucun chroniqueur écrivant soit au moment de l'événement, soit très peu d'années après, et en situation, par le lieu habituel de sa résidence, de recueillir des informations précises, ne parle de la mise au feu de la bulle *Ausculta fili*. C'est ainsi qu'elle n'est pas mentionnée dans la chronique de Guillaume de Nangis ou plutôt dans le fragment qu'un continuateur anonyme, moine comme lui à l'abbaye de Saint-Denis[2], a ajouté pour les années 1301 à 1303, fragment où l'on trouve cependant de longs détails sur la bulle et sur l'assemblée du 10 avril[3]. Un autre chroniqueur contemporain,

1. Dupuy, p. 45-47.

2. Telle est du moins, sur ce continuateur, l'opinion émise par Géraud dans son introduction à l'édition de la chronique de Guillaume de Nangis (ouvrage cité ci-dessus). M. Léopold Delisle se borne à dire que cet écrivain anonyme a dû avoir à sa disposition les documents conservés à l'abbaye de Saint-Denis. (Mém. de l'Acad. des inscr. et belles-lettres, t. XXVII, 2° partie, p. 299.)

3. Voir ces détails dans le t. Ier de l'édition Géraud, p. 313-315. Il est superflu de faire remarquer que la destruction de la bulle n'est pas non plus mentionnée

qui commença d'écrire en 1308 et dont le récit ne dépasse pas l'année 1323, Jean de Saint-Victor, — ainsi nommé parce qu'il était chanoine à l'abbaye de Saint-Victor de Paris, — parle également de l'envoi à Paris de la bulle *Ausculta fili* et de la réunion des trois ordres, sans rien dire de la destruction de la bulle[1]. De son côté, Gilles de Pontoise, abbé de Saint-Denis, qui vécut quelque temps dans l'intimité de Philippe et l'assista à ses derniers moments, a laissé une chronique[2] dans laquelle il s'étend assez longuement sur l'assemblée du 10 avril et ne fait pas même allusion à la bulle qui détermina le roi à convoquer cette assemblée[3]. Enfin l'auteur présumé de la *Chronique métrique*, Geffroy de Paris, qui est Parisien, qui se dit né à Paris et a été témoin de la plupart des événements qu'il raconte, parle des lettres de Boniface apportées à Paris par Jacques des Normands, du discours de Pierre Flotte, de la conduite tenue en cette circonstance par les évêques, et à aucun endroit il ne fait mention qu'une bulle ait été brûlée[4].

Du silence de ces chroniqueurs on doit inférer, tout au moins, que la destruction de la bulle *Ausculta fili* n'a eu ni l'éclat, ni surtout la publicité que signale le texte de Dupuy, et que, sur ce point, ce texte manque de vérité. Deux documents émanés de la cour de Rome, et qui sont habituellement cités à l'appui du fait rapporté par Dupuy, me paraissent confirmer ces premières conclusions. Dans l'un, qui est une lettre adressée le 5 septembre 1302 au duc de Bourgogne par le cardinal Mathieu de Sainte-Marie *in Porticu*, il est dit seulement qu'une bulle a été brûlée « en présence du roi et des grands, » sans qu'il y soit parlé

dans les *Grandes Chroniques de France* (édit. P. Paris, t. V, p. 134, 135), lesquelles ne font, pour cette époque, que reproduire la continuation anonyme de la chronique de Guill. de Nangis.

1. *Histor. de Fr.*, XXI, p. 638. Un manuscrit de cette chronique, qui se trouvait dans la bibliothèque de l'abbaye de Saint-Victor, portait pour titre : *Memoriale historiarum Johannis Parisiensis canonici regularis sancti Victoris.* Ibid., p. 630.

2. Cette chronique, attribuée à tort à Guillaume l'Escot, fut rédigée par le moine Yves de l'abbaye de Saint-Denis, d'après les instructions de l'abbé Gilles. Voy. un mémoire de M. L. Delisle dans *Not. et ext.*, t. XXI, 2ᵉ partie.

3. *Histor. de Fr.*, XXI, p. 204.

4. *Histor. de Fr.*, XXII, p. 91, vers 210-250. Sur l'auteur de cette chronique, voir ce que dit M. L. Delisle, *ibid.*, p. 88. Cf. un mémoire de M. Natalis de Wailly dans les *Mém. de l'Acad. des inscr. et belles-lettres*, t. XVIII, 2ᵉ part.

d'autres moyens de publicité[1]. Le second document, rédigé au mois de novembre 1302 et qui fut apporté en France par le cardinal Jean du titre de Saint-Marcellin, est une longue énumération des griefs que le pape disait avoir contre Philippe et sur lesquels il exigeait que le roi donnât satisfaction. Le sixième article, le seul qui puisse se rapporter à la mise au feu de la bulle *Ausculta fili*, est conçu en ces termes : « Nous nous plaignons, dit le pontife, qu'une de nos lettres, avec le sceau dont elle était munie et sur lequel était marqué notre nom, ait été brûlée au mépris du saint-siège, en présence du roi et de plusieurs personnages, *sans que le roi ait empêché cet acte ainsi qu'il l'aurait pu*[2]. » Il est manifeste que Boniface eût tenu un tout autre langage, si Philippe, déjà coupable envers la chaire apostolique pour avoir fait brûler la bulle, avait aggravé sa faute en faisant crier cette exécution à son de trompe par tout Paris. On voit de plus, — ce qui détruit, sur un autre point, le texte de Dupuy, — que, selon Boniface, la bulle fut brûlée en présence du roi, mais non par son ordre, et que son tort fut de ne s'être pas opposé, comme il l'aurait pu, à un acte aussi injurieux pour le saint-siège.

En dehors des textes, il est des raisons qui empêchent de croire que la bulle ait été brûlée solennellement par l'ordre de Philippe et que cette exécution ait ensuite reçu la publicité dont parle le texte de Dupuy. Un fait aussi éclatant offre quelque chose d'inattendu et, pour ainsi dire, d'anormal dans la suite des événements par lesquels on voit, au xiiie siècle, se manifester l'hostilité des souverains séculiers contre la cour de Rome. Matthieu Paris nous apprend, il est vrai, que, sous le pontificat de Grégoire IX, une sorte de conjuration s'étant formée en Angleterre pour résister aux exactions du saint-siège, des lettres du pape avaient été saisies aux mains d'un messager apostolique et lacérées par quelquesuns des conjurés[3]. Mais ce n'était là qu'un acte de violence par-

---

1. « Combustæ sunt apostolicæ litteræ in regis et magnatum præsentia. » Dupuy, p. 80. L'original de cette lettre, qui se trouvait autrefois au Trésor des chartes, est aujourd'hui en déficit.

2. « Item quòd... in præsentia dicti regis, nec, sicut potuit, prohibentis, multis præsentibus, bulla nostra et litteræ quibus erat appensa, cum imaginibus beatorum apostolorum Petri et Pauli et nomine nostro sculpto ipsa, combustæ et consumptæ fuerunt, in dictæ sedis (apostolicæ) contumeliam et contemptum. » Archiv. nat., J. 490, n° 751. Cf. Dupuy, p. 91.

3. Matth. Paris, éd. Brewer, t. III, p. 208-211.

ticulière. Frédéric II lui-même, malgré l'ardeur de la lutte engagée par lui contre la cour romaine, n'avait jamais poussé l'audace jusqu'à faire brûler publiquement des lettres pontificales. Philippe ne manquait assurément pas de hardiesse ; mais cette hardiesse était chez lui soumise à la prudence. Sa circonspection naturelle le porta toujours à s'appuyer sur la légalité, ou tout au moins sur un semblant de légalité. En outre, dissimulé et silencieux, il n'aimait pas à se commettre lui-même. On le voit, durant tout son règne, comme caché derrière ses légistes qui agissent en son nom ; et telle était son habituelle discrétion, que ceux qui l'ont connu de près le comparaient à une statue où il n'y avait de vivant que le regard[1]. J'ajoute que l'acte qu'on lui impute n'était pas seulement contraire à son caractère ; il était contraire à ses vues. En convoquant à Paris les états généraux, il témoignait clairement que son dessein était de ne pas agir seul contre le pape et qu'il voulait s'appuyer sur l'assentiment de la nation. Or, commencer par un acte de propre mouvement et qui, par sa nature, constituait une rupture éclatante avec Boniface, était une évidente contradiction. J'avoue même que ces considérations me paraissent si frappantes, que ce sont elles qui m'ont amené tout d'abord à concevoir des doutes sur le texte de Dupuy.

La lettre du cardinal Mathieu au duc de Bourgogne et le mémoire remis par Boniface au cardinal Jean ne sont pas, avec ce texte, les seuls documents qui puissent être invoqués au sujet de la mise au feu de la bulle *Ausculta fili*. Plusieurs chroniqueurs, écrivant à une date plus ou moins avancée du xive siècle, ont aussi fait mention de l'événement. Aucun ne dit toutefois que la bulle ait été brûlée sur l'injonction de Philippe, ni que cette exécution ait été ensuite criée dans tout Paris. L'un d'eux, Jean Villani, entre en des détails qui méritent d'être notés. « Boniface, écrit-il, avait mandé les évêques de France à Rome. Philippe leur défendit de s'y rendre. Le pontife irrité signifia dans une bulle que le roi de France, de même que tous les princes chrétiens, était soumis au saint-siège pour le temporel comme pour le spirituel. Il envoya, à titre de légat, un clerc romain, archidiacre de Narbonne, chargé de demander satisfaction au roi ; faute de quoi, ce légat devait l'excommunier et mettre ses États en interdit. L'archidiacre étant arrivé à Paris, Philippe ne le laissa pas

---

1. Boutaric, *la France sous Philippe le Bel*, p. 419.

publier ses lettres ; elles lui furent enlevées par les gens du roi, et lui-même se vit chassé de France. Ces lettres furent remises au roi en présence de ses barons ; et le comte d'Artois, qui vivait alors, les jeta par mépris dans le feu où elles furent consumées[1]. »

Dans ce récit si détaillé presque tout est erroné. La bulle *Ausculta fili*, que Villani a voulu certainement désigner, fut apportée en France, ainsi qu'on l'a vu, en même temps que les lettres qui mandaient les prélats du royaume à Rome, et conséquemment avant que Philippe ne défendît aux prélats de s'y rendre. D'un autre côté, Villani confond visiblement Jacques des Normands, archidiacre de Narbonne, — arrivé à Paris au commencement de l'année 1302, — avec Nicolas de Bienfaite, archidiacre de Coutances, venu en France à la fin de mai ou dans les premiers jours de juin de l'année 1303, et qui était en effet muni de lettres du saint-siège autorisant le cardinal Jean à séparer le roi de la communion de l'Église. J'ajoute que c'est à Nicolas de Bienfaite, et non à Jacques des Normands, qu'on enleva les lettres dont il était porteur. Nicolas de Bienfaite n'arriva pas d'ailleurs jusqu'à Paris. Il fut arrêté à Troyes et jeté en prison. Enfin, — et c'est là une autre erreur de Villani, — les lettres dont était chargé Nicolas de Bienfaite ne parlaient aucunement de mise en interdit[2].

1. « Papa Bonifatio... fece richiedere tutti i grandi prelati di Francia, che dovessono venire a corte ; ma il Re contradisse loro, et non li lascio venire, onde il Papa maggiormente s'inanimo contra al Re di Francia, et trovo per sue ragioni et decreti che il Re di Francia, come li altri signori di christiani, dovea riconoscere dalla Sedia Apostolica la signoria del temporale, come della spirituale ; et per questo mando in Francia per suo legato uno clerico Romano archidiacono di Nerbona, che protestasse et amonisse le Re sotto pena di scomunicatione di cio fare e di riconoscere da lui ; et, se cio non facesse, lo scomunicasse et lasciasse lo interdetto. Et vegnendo il detto legato nella citta di Parigi, il Re non li lascio piuvicare le sue lettere e privilegi, anzi gliele tolse la gente del Re, et accomiatollo del reame ; et venute le dette lettere papali inanzi al Re e a' suoi baroni, il conte d'Artese, che allora vivea, per dispetto le gitto in sul fuoco e arsele. » J. Villan., lib. VIII, c. 62 ; apud Murat., *Rer. ital.*, XIII, p. 394, 395.

2. Voy. la bulle *Per processus* et la bulle *Super Petri solio* dans Dupuy, p. 98 et 182. Sponde, dans ses *Annales ecclesiastiques*, a suivi le récit de Villani, et, confondant, comme lui, la mission de Jacques des Normands avec celle de Nicolas de Bienfaite, a été jusqu'à prétendre que l'envoyé du pape devait, en cas de résistance de la part de Philippe, délier ses sujets de leur serment de fidélité et déclarer le royaume dévolu au saint-siège.

Mais, au milieu de toutes ces erreurs, on rencontre un élément nouveau, l'intervention du comte d'Artois. Si cette intervention a eu lieu, elle s'accorde assez bien avec ce que dit Boniface dans le mémoire remis par lui au cardinal Jean ; et voici dès lors, en m'aidant des conclusions précédentes, comment je conçois que le fait se serait passé. Le roi, entouré de ses barons, entend la lecture de la bulle, et le comte d'Artois, dans un mouvement de colère, se saisit de cette bulle et la jette au feu. On était alors en hiver. Nous savons, par le témoignage du continuateur de Guillaume de Nangis et par celui de Jean de Saint-Victor, que la bulle fut présentée au roi vers le temps de la Purification[1]. En outre, un acte émané de Jacques des Normands, et qui nous a été conservé, prouve que celui-ci était à Paris « pour les affaires du saint-siège » le dimanche après la Purification et qu'il s'y trouvait déjà depuis quelque temps[2]. Le roi dut sans doute recevoir au Louvre l'envoyé de Boniface ; et ce sera dans la cheminée de la salle que le comte d'Artois aura jeté la bulle, sans que Philippe, impassible et silencieux, ait pu ou voulu l'empêcher.

Réduit à ces proportions, l'événement n'a déjà plus la signification que lui attribuent les historiens. Ainsi tombe le rapprochement qu'on a voulu établir entre Philippe et Luther. D'éclatant qu'il était, le fait n'est plus, en quelque sorte, qu'un accident, injurieux pour le saint-siège il est vrai, mais dont Philippe ne peut être déclaré personnellement responsable. J'irai plus loin ; je doute que, même dans ces conditions, la bulle *Ausculta fili* ait été brûlée. J'ai dit comment le texte rapporté par Dupuy me paraissait suspect. Il y a lieu de croire que Dupuy lui-même le considérait comme tel ; car, à l'endroit de sa préface où il parle de l'événement, il ne se réfère point au texte cité par lui, — bien que, dans cette préface, il renvoie le plus souvent aux documents

---

1. « Circa Purificationem. » On sait que la Purification tombe le 2 février.

2. Dans cet acte, Jacques des Normands reconnaît avoir reçu 200 florins d'or de l'archevêque de Reims. « Jacobus de Normannis,... a sanctissimo patre domino Bonifacio papa pro quibusdam arduis negotiis ad partes regni Franciæ specialiter destinatus..., domino Roberto archiepiscopo Remensi salutem... Quia pro prædicto negotio exequendo apud civitatem Parisiensem pervenimus et in ea aliquamdiu moram traximus, a vobis ducentos florenos auri pro expensis nostris... recepimus... Datum Parisius, die dominicâ post festum Purificationis B. Mariæ virginis, anno Domini m° ccc° primo. » Kervyn de Lettenhove, *Recherches sur la part de l'ordre de Cîteaux au procès de Boniface VIII*, p. 83. Bruxelles, in-4°.

réunis dans son recueil, — et il invoque uniquement, avec le témoignage de Villani, les annales du moine allemand Henri Stéron et la chronique de Martin le Polonais[1]. Encore affirme-t-il, sans en fournir la preuve que la bulle a été brûlée à l'issue de l'assemblée de Notre-Dame, c'est-à-dire deux mois après la date indiquée par le texte en question[2]. En ce qui regarde Villani, je n'ai pas besoin de dire avec quelle réserve on doit accueillir les assertions d'un homme écrivant très loin du lieu de l'événement, à une date déjà avancée du siècle, et qui, pour l'histoire des temps mêmes où il vécut, s'est fait plus d'une fois l'écho de bruits erronés[3]. On a vu d'ailleurs combien abondent les inexactitudes dans le passage de sa chronique qui a trait à la bulle *Ausculta fili*. Quant à Henri Stéron, il ne peut être ici question des annales qui lui appartiennent en propre et s'arrêtent à l'an 1300, mais d'une addition faite à ces annales par deux religieux d'Augsbourg, les frères Ulric et Conrad Welingue, addition qui s'étend de 1301 à 1334 et dans laquelle il est parlé en effet de la destruction de la bulle[4]. De même, en citant Martin le Polonais, autrement dit Martin de Troppau, dont la chronique ne va pas au delà de l'année 1277, Dupuy n'a pu avoir en vue qu'un de ses continuateurs. Or je n'en connais que deux qui font mention de l'événement, un continuateur anonyme, dont l'ouvrage se termine à l'année 1320, et le célèbre auteur des *Fleurs des chroniques,* Bernard Gui, qu'on a souvent désigné sous le nom de « continuateur de Martin le Polonais. » Lequel des deux Dupuy a-t-il voulu citer ? Je ne saurais le dire[5]. Ce qui est

1. Voir la préface de Dupuy, p. 11. Pour ce qui est de Villani, Dupuy désigne le livre et le chapitre ; à l'égard des autres, il s'est contenté d'écrire en marge : « Stero in Annal.; Mart. Polon » On a lieu de s'étonner que tant d'historiens qui se sont servis du texte rapporté par Dupuy n'aient pas pris garde que lui-même s'était abstenu d'en faire usage.

2. Il prétend en outre, sans dire non plus sur quoi il se fonde, que c'est la petite bulle, et non la grande, qui aurait été brûlée. Michelet a suivi Dupuy sur ce point.

3. Boutaric, *la France sous Philippe le Bel*, p. 114, 123. Voir aussi Murat., *Rer. ital.*, XIII, p. 3, 4.

4. Freher, *Rer. german.*, p. 404, in-folio 1624. Cf. Pertz, *Script.*, t. XVII, p. 435. Dupuy a vraisemblablement consulté Freher qui a publié, sous le titre général de « Hainrici Steronis Annales, » l'œuvre particulière de Henri Stéron et l'addition dont je parle.

5. On a édité à Bâle, en 1559, sous le nom de Martin le Polonais, la chro-

certain, c'est que l'addition faite aux annales de Henri Stéron par les frères Ulric et Conrad reproduit fidèlement, pour la période écoulée de 1301 à 1320, le texte du continuateur anonyme, et que celui-ci n'est également, pour cette période, que la transcription des *Fleurs des chroniques*[1]. Pour juger de la valeur des textes auxquels se réfère Dupuy sous la désignation impropre de Henri Stéron et de Martin le Polonais, il suffit donc d'apprécier celle du récit de Bernard Gui.

Voici en quels termes s'exprime l'auteur des *Fleurs des chroniques* : « Aux environs de l'année 1301, un grave différend s'éleva entre le pape Boniface et le roi de France Philippe. Le pape transmit alors au roi une bulle où était employée la formule *Ad perpetuam rei memoriam* et dans laquelle, se déclarant le maître spirituel et temporel du monde entier, il exigeait que le roi reconnût tenir son royaume du saint-siège, et ajoutait que quiconque professait une doctrine contraire était hérétique. Cette bulle fut brûlée dans le palais du roi en présence de plusieurs personnages; et ceux qui l'avaient apportée, congédiés honteusement, n'échappèrent qu'avec peine à la mort. A la fin de cette même année, vers le temps du carême, le roi, prévoyant le ressentiment du pape, appela à Paris les prélats, les barons et les députés des communes de son royaume, et les réunit dans l'église Notre-Dame. Dans cette assemblée, on accusa Boniface d'hérésie et de divers autres crimes, et on décida de provoquer à cet effet la réunion d'un concile général[2]. »

nique qui lui appartient en propre, augmentée de la continuation anonyme qui finit en 1320; ce qui a fait croire longtemps que Martin le Polonais était mort à cette date. Il est à penser que c'est cette édition qu'a connue Dupuy.

1. Les éditeurs des *Scriptores rerum germanicarum* ont parfaitement reconnu que la continuation anonyme de Martin le Polonais avait servi de modèle aux frères Ulric et Conrad, et qu'elle se composait elle-même de deux parties, l'une écrite à Rome (*Continuatio pontificum Romana*) et s'étendant de 1277 à 1285, et l'autre rédigée d'après Bernard Gui. Voy. Pertz, *ibid.*, XVII, p. 428, 435 et suiv.; XXII, p. 396.

2. « Inter Philippum regem Franciæ et Bonifacium papam gravis exorta fuit dissensio et simultas circà annum Domini 1301, eodemque anno Bonifacius... transmittit litteras apostolicas cum bullâ eidem regi *ad perpetuam rei memoriam* continentes, in quibus mandabat eidem quòd, cùm ipse papa esset dominus in temporalibus et spiritualibus in universo mundo, volebat et petebat quòd recognosceret regnum Franciæ ab eodem, et contrarium tenere et sentire hæreticum judicabat; fueruntque litteræ hujusmodi apostolicæ in regis palatio, coràm

Dans ce récit, que j'ai étendu à dessein, on ne compte pas moins d'erreurs que dans celui de Villani. Outre que l'auteur n'assigne pas une date précise — date qu'il lui eût été facile de connaître — à l'arrivée en France de Jacques des Normands, il place en la même année la présentation au roi de la bulle *Ausculta fili* et l'appel au concile général; ce qui est inexact, cet appel ayant été décidé, non en avril 1302 dans la réunion de Notre-Dame, mais dans une autre assemblée au mois de juin 1303. D'un autre côté, il est faux que le nonce du pontife ait été menacé de mort : car Boniface, dans l'une de ses lettres, se plaint seulement que son envoyé ait été mal reçu[1]. J'ajoute que la bulle *Ausculta fili* ne contient pas la formule « ad perpetuam rei memoriam, » formule affectée aux lettres apostoliques dont l'effet devait être perpétuel. Enfin, dans cette bulle, Boniface ne dit pas qu'il est le maître du monde et n'exige point que Philippe reconnaisse tenir son royaume du saint-siège. On voit, d'après ces premières observations, que Bernard Gui, — à ne parler que des faits mentionnés dans ce récit, — était assez mal informé, d'où l'on peut déjà conjecturer qu'il n'est pas plus exact sur le fait de la mise au feu de la bulle *Ausculta fili*. Il convient en outre de remarquer qu'il commença en 1311 seulement à rédiger ses *Fleurs des chroniques*, lesquelles débutent, comme on sait, à la naissance du Christ, et dont il publia, de 1315 à 1331, quatre éditions successives. On doit également observer que, né dans le Limousin, il mourut en 1331 évêque de Lodève, sans avoir jamais quitté le midi que pour une mission en Italie dont le chargea Jean XXII. On le voit tour à tour à Limoges, Alby, Castres, Toulouse, Avignon, Pamiers, Carcassonne, et le point le plus rapproché du nord où l'on constate sa présence est la ville de Lyon[2]. Sur ces

pluribus, publicè concrematæ, et sine honore remissi vacui nuncii qui portarant, et vix mortis periculum evaserunt... Eodem anno, in fine, videlicet in quadragesima, rex Franciæ, gravem præsentiens contrà se motum papæ,... suum concilium Parisius convocavit, omnes prælatos comitesque et barones personaliter, omnesque communitates regni sui per procuratores idoneos ad se Parisius venire perurgens...; fueruntque in ipso concilio, Parisius in ecclesia Beatæ Mariæ congregato, publicè objecta crimina ipsi papæ et titulus hæresis...; fitque ibidem contrà ipsum papam provocatio ad concilium generale. » *Histor. de Fr.*, XXI, p. 712, 713.

1. Voy. la bulle *Super Petri solio*. Dupuy, p. 182-186.

2. Voy. sur la vie et les ouvrages de Bernard Gui le remarquable mémoire de

diverses considérations, on jugera sans doute que, pour le fait dont il s'agit, Bernard Gui ne mérite guère plus de confiance que Villani.

Il est un autre texte qui mentionne le même fait et que n'a pas connu Dupuy, texte invoqué aussi par certains historiens. C'est une Chronique anonyme de Rouen, qui débute, comme l'ouvrage de Bernard Gui, à la naissance du Christ et s'arrête à l'année 1338. Dans cette chronique, fort écourtée et qui sur la fin seulement offre quelques développements, on lit à l'année 1301 : « Une querelle s'étant élevée entre le pape Boniface et le roi de France Philippe, le pape écrivit au roi que celui-ci était soumis au saint-siège pour les choses spirituelles et temporelles ; mais les lettres pontificales furent brûlées, et ceux qui les avaient apportées se virent mal accueillis[1]. » Labbe, qui a publié la Chronique de Rouen d'après un manuscrit qu'il avait entre les mains et qui n'a pas été retrouvé, n'a point dit l'âge du manuscrit[2]. Toutefois l'on regarde comme l'œuvre d'un contemporain la dernière partie du texte de cette chronique[3], et un passage permet même d'affirmer que l'auteur écrivait après l'année 1336[4]. Cette considération est un premier motif pour n'accorder qu'un médiocre crédit à ce que cet auteur rapporte de la bulle *Ausculta fili*. En outre, si l'on examine de près les courts fragments de cette chronique relatifs à la période écoulée de 1301 à 1320, on s'aperçoit que, pour tout ce

M. L. Delisle, *Not. et extr.*, t. XXVII, 2ᵉ part., p. 174-188. Cf. les *Histor. de Fr.*, XXI, p. 691.

1. « Ortà discordià inter papam Bonifacium et regem Francorum Philippum, papa scribit regi quod sibi in spiritualibus et temporalibus suberat : sed papales litteræ concrematæ sunt, et nuncii non gratanter recepti. » Labbe, *Nov. biblioth.*, t. I, p. 282. Michelet a connu ce passage, *Hist. de Fr.*, t. III, p. 69, note.

2. Labbe, *ibid.*, préface. Les éditeurs des *Histor. de Fr.*, qui ont reproduit cette chronique, ont vainement cherché le manuscrit dont Labbe s'était servi. Voy. t. XXIII, p. 332.

3. Pertz, *Script.*, t. XXVI, p. 489. Cette chronique s'étend en réalité jusqu'en 1344 ; mais, à partir de 1339, Labbe a remarqué une autre écriture et une autre main.

4. Voici ce passage qui n'avait pas, que je sache, été relevé encore : « 1333. Mense julio Joannes papa indixit generale passagium ultramarinum et regem Franciæ Philippum deputavit ipsius passagii...; quod passagium debebat facere idem rex infra kal. Augusti anni 1336, et nihil horum quæ promisit adimplevit, quamvis idem papa multa privilegia alia ultrà decimam ratione passagii eidem concessit. » Pour savoir que Philippe de Valois avait manqué à ses engagements, l'auteur a dû nécessairement écrire après 1336.

qui ne concerne pas l'histoire particulière de Rouen, l'écrivain anonyme s'est servi des *Fleurs des chroniques*, dont il a connu sans doute l'une des dernières éditions. Tout en abrégeant l'œuvre de Bernard Gui, il la reproduit fidèlement dans ce qu'elle a d'essentiel et ne se fait pas faute d'user des mêmes locutions[1], semblable en cela à beaucoup d'autres chroniqueurs qui ont fait passer dans leurs écrits la substance et quelquefois les termes des *Fleurs des chroniques*[2].

En somme, en dehors du texte de Dupuy, on ne trouve, appartenant à la première moitié du xive siècle, que deux chroniqueurs qui relatent la mise au feu de la bulle *Ausculta fili*, l'auteur des *Fleurs des chroniques* et Villani. Après l'analyse critique à laquelle j'ai soumis le récit de l'un et de l'autre, on avouera que leurs assertions, si précises qu'elles paraissent, sont de peu d'autorité à côté de chroniqueurs écrivant au moment de l'événement, à proximité du lieu où il se serait accompli, et qui ont gardé sur cet événement un silence absolu. Ce silence, dont je me prévalais d'abord pour affirmer que la bulle avait été brûlée sans que cette exécution eût été ensuite criée dans tout Paris, peut, à non moins juste titre, être allégué pour mettre en doute ce fait même. Restent, il est vrai, les deux documents émanés de la cour de Rome, j'entends la lettre adressée au duc de Bourgogne par le cardinal

---

1. C'est ainsi qu'à la suite du passage que j'ai cité de la Chronique de Rouen, on lit : « Eodem anno, in quadragesima, Philippus rex Francorum convocat Parisius prælatos, barones, communitates regni sui, et fuit contrà papam appellatio ad concilium generale. » Dans ces lignes, ainsi que dans celles qui les précèdent, on ne retrouve pas seulement la reproduction abrégée du texte de Bernard Gui ; on y retrouve l'erreur qu'a commise l'auteur des *Fleurs des chroniques* en plaçant à la même année la présentation au roi de la bulle *Ausculta fili* et l'appel au concile général.

2. Indépendamment de la Chronique de Rouen, on a encore cité, à propos de la destruction de la bulle *Ausculta fili*, l'article qu'Amalric Augier a consacré à Boniface dans ses *Vies des papes* (Voy. *la Papauté au XIVe siècle*, par l'abbé Christophe, t. Ier, p. 116). Je ne rappelle que pour mémoire ce chroniqueur qui écrivait en 1365 et dédia son ouvrage à Urbain V dont il était le chapelain. Ses écrits sont à ce point remplis d'erreurs qu'ils ne méritent attention que pour le récit des événements dont il a pu être le témoin (Murat., *Rer. ital.*, III, sec. part., præfatio). Il est d'ailleurs avéré que, dans une grande partie de sa chronique, Amalric Augier n'a été que le copiste de Bernard Gui (L. Delisle, *Not. et extr.*, XXVII, p. 222, note). Le passage de cette chronique relatif à la bulle (Murat., *ibid.*, p. 438) reproduit en effet, presque mot pour mot, le passage correspondant des *Fleurs des chroniques*.

Mathieu et le mémoire remis par Boniface au cardinal Jean. Mais ni de l'un ni de l'autre de ces documents on ne peut inférer que ce soit la bulle *Ausculta fili* qui ait été brûlée. Il y est dit seulement qu'une bulle a été jetée au feu, sans que cette bulle soit distinguée par aucune désignation[1]. D'ailleurs, si c'était la bulle *Ausculta fili* qu'on eût voulu désigner dans ces deux documents, comment expliquer qu'il n'y ait pas d'autre trace de ce fait dans les archives pontificales ? Raynaldi, qui a eu entre les mains les manuscrits du Vatican pour rédiger ses *Annales ecclésiastiques*, ne mentionne le fait que d'après un récit d'Antonin de Florence qui écrivait au xv⁰ siècle et a copié Villani[2]. De son côté, le P. Tosti, qui a publié de nos jours une Vie de Boniface VIII et a puisé également dans les archives du Vatican, ne rapporte l'événement que sur le témoignage de Villani et du narrateur anonyme cité par Dupuy[3]. Il y a plus : dans une bulle datée du 15 août 1303, Boniface, qui, à ce moment, avait tant à se plaindre de Philippe, rappelle les lettres qu'il avait adressées au roi par l'entremise de Jacques des Normands, ajoute que ce prince, irrité de leur contenu, commença dès lors à médire de lui et à le calomnier[4], et non seulement il n'a aucun mot pour flétrir l'acte injurieux qui aurait suivi, de la part du monarque ou avec sa muette complicité, la réception

---

1. A l'égard du mémoire remis au cardinal Jean, aucun mot, ni avant, ni après le fragment que j'en ai cité, ne peut donner à supposer qu'il soit question, dans ce fragment, de la bulle *Ausculta fili*. Quant au second document, il y est parlé, au début, des lettres apportées en France par Jacques des Normands. Mais si, en disant ensuite qu'une bulle avait été brûlée, le rédacteur avait eu ces lettres en vue, il les eût vraisemblablement désignées par l'addition *ipsæ* ou quelque autre analogue. A deux endroits de sa missive au duc de Bourgogne, le cardinal Mathieu, rappelant une lettre déjà mentionnée par lui, se sert du mot *ipsæ*. Plusieurs fois, dans le cours de cette missive, il est parlé de lettres envoyées ou reçues, et ces lettres sont toujours clairement désignées. Le passage qui a trait à une bulle brûlée est le seul où manque une indication précise, et il est impossible de le traduire fidèlement si on ne laisse à la traduction une forme dubitative. Qu'on relise la missive du cardinal Mathieu, et l'on se persuadera que, si des chroniqueurs, tels que Villani ou Bernard Gui, n'avaient parlé de la destruction de la bulle *Ausculta fili*, on n'eût pu affirmer que, dans ce passage, il s'agissait de cette bulle.

2. Encore ne parle-t-il de ce fait qu'en termes vagues et à propos de la mort du comte d'Artois à la bataille de Courtray. *Annal. eccles.,*. t. IV, p. 330.

3. Tosti, *Hist. de Boniface VIII*, t. II, p. 228, trad. Duclos, in-8°. Paris, 1854.

4. « Ægrè tulit et indignatus est, et, in furiam versus, maledicere cæpit. » Voir la bulle *Nuper ad audientiam.* Dupuy, p. 165-168.

de ces lettres, mais il n'en fait pas même mention. Enfin, dans une autre bulle datée du 3 septembre 1303, celle-là même qui devait être affichée à Anagni le lendemain du jour où Boniface fut arrêté par Nogaret, — bulle qui frappait Philippe d'excommunication et déliait ses sujets de leur serment de fidélité, — le pape rappelle encore la mission de Jacques des Normands, énumère tous les griefs qu'il a contre le roi et pour lesquels il s'est déterminé à le punir, et à aucun endroit il ne fait allusion à l'événement qui eût dû, entre tous, exciter son ressentiment[1].

Cependant une bulle a été brûlée. C'est là un fait hors de doute, qui résulte tout à la fois et de la lettre au duc de Bourgogne et du mémoire remis au cardinal Jean. Quelle était cette bulle? Nous l'apprenons d'un document authentique et qui émane de Philippe lui-même. On sait qu'à la suite d'une sédition survenue dans la ville de Laon, et au cours de laquelle l'église cathédrale avait été envahie par les bourgeois[2], un arrêt du Parlement en 1295 supprima la commune[3], et que, de son côté, Boniface mit la ville en interdit. Au mois de février 1297, Philippe, après avoir soumis les bourgeois à un châtiment sévère, rétablit la commune[4]. Le pape, à son tour, consentit à la levée de l'interdit[5]. Depuis ce moment, de fréquents dissentiments eurent lieu entre l'Église de Laon et les bourgeois[6]. L'un de ces dissentiments fut porté devant la cour du roi, et voici ce qui se passa à cette occasion. Le récit de cet incident se trouve dans un écrit où Philippe répondait point par point à ce mémoire de Boniface que le cardinal Jean avait été chargé de présenter au monarque. « En ce qui regarde le sixième article où le pape se plaint qu'une de ses lettres ait été brûlée, — lit-on dans cet écrit, — le roi répond que l'évêque et le chapitre de l'Église de Laon ayant fait citer au parlement du roi les échevins de ladite ville, ceux-ci firent connaître que l'évêque et

1. Voir la bulle *Super Petri solio*. Dupuy, p. 182-186.
2. *Gall. christ.*, t. IX, p. 542, 543.
3. Beugnot, *Olim*, t. II, p. 384.
4. *Ordonn.*, t. XI, p. 388; Arch. nat., J 233, n° 27.
5. Voy. des lettres de Pierre de Bourges, sous-chantre d'Orléans et délégué par le saint-siège pour relever de l'interdit les habitants de la ville de Laon, 8 septembre 1298. Arch. nat., L 734. Pour toute cette affaire on peut consulter Nicolas Le Long, *Hist. du diocèse de Laon*, 1783. Le récit de Le Long est d'ailleurs inexact sur plusieurs points.
6. Pour l'histoire de ces dissentiments de 1299 à 1303, voir Arch. nat., L 733, 734.

le chapitre, en vertu de lettres apostoliques qui leur avaient été conférées, les avaient déjà traduits devant un autre tribunal. Ces lettres furent effectivement produites par lesdits évêque et chapitre, qui déclarèrent renoncer de leur pleine volonté au privilège qu'elles leur concédaient. Les échevins, craignant néanmoins que par la suite l'évêque et le chapitre ne voulussent encore se servir contre eux desdites lettres, demandèrent qu'elles fussent détruites comme étant inutiles et de nulle valeur, ce à quoi l'évêque et le chapitre donnèrent leur assentiment. En conséquence, ces lettres furent anéanties ; et en cela il n'y a eu aucune intention de faire offense à Dieu, au pape et à l'Église[1]. »

J'ai vainement cherché trace de cet incident, soit dans les archives du département de l'Aisne, soit dans les documents de nos Archives nationales qui regardent l'Église ou la commune de Laon. Les registres des *Olim*, — lesquels, à la vérité, offrent de nombreuses lacunes, — ne contiennent pas non plus l'arrêt du Parlement qui dut être rendu à cette occasion. En revanche, j'ai trouvé la bulle dont il est parlé dans ce récit, grâce à l'obligeance de MM. Digard et Grandjean, élèves de l'École française de Rome, qui ont bien voulu, sur mes indications, la chercher dans les registres de Boniface. Cette bulle, datée du 16 mars 1301, et dont je donne le texte ci-dessous, est adressée à l'évêque de Dol et à Guy de Chastillon, comte de Saint-Pol, le même qui se distingua plus tard

---

1. « Ad sext. artic. de littera combusta. Respondet rex quòd, cùm episcopus, decanus et capitulum Laudunens. scabinos ad parlamentum regium citari fecissent, partibus in judicio constitutis, et pro parte episcopi, decani et capituli prædictorum petitione porrectâ, cùm scabinos ad respondendum eidem petitioni peterent coarctari, fuit ex parte scabinorum propositum quòd ipsi episcopus, decanus et capitulum ipsum scabinos super contentis in petitione prædicta in alio foro traxerant et processus fieri fecerant auctoritate litterarum sedis apostolicæ contrà eos; ipsi verò episcopus, decanus et capitulum, ut, non obstante exceptione prædictâ, dicti scabini compellerentur ad respondendum petitioni suæ in curiâ regis, prædictas litteras apostolicas in medium producentes, sponte dixerunt quòd eis uti nolebant, sed penitùs renunciabant eisdem, easdemque litteras tradiderunt, quæ, tanquam invalidæ et nullius efficaciæ vel valoris, ad requisitionem partis adversæ, ne ipsis possent de cœtero contrà eam dicti episcopus, decanus et capitulum se juvare, de ipsorum consensu destructæ fuerunt; in quo non fuit intentionis alicujus quicquam attentare vel facere in Dei offensam, aut domini papæ, vel Ecclesiæ injuriam vel contemptum. » Arch. nat., J 490, n° 752. Dupuy, qui a reproduit cette pièce dans son recueil, p. 94, ne l'a lue qu'imparfaitement à certains endroits.

à la bataille de Mons-en-Puelle[1]. Par cette lettre, le pape les charge l'un et l'autre de juger, à titre d'arbitres, les dissentiments qui se sont élevés entre l'Église et la commune de Laon, et d'appeler devant eux, avant le 25 décembre de ladite année, les parties intéressées ; dans le cas où cet arbitrage serait inefficace, l'évêque en informera le saint-siège, qui avisera à un autre moyen de rétablir la paix. En rapprochant ces détails du récit de Philippe, on voit que l'affaire en question avait été portée devant l'évêque de Dol et le comte de Saint-Pol avant de l'être au Parlement, et l'on voit aussi quelles sont les lettres du saint-siège que Philippe, dans ce récit, a voulu désigner.

Après ces éclaircissements, doit-on persister à croire que la bulle *Ausculta fili* ait été brûlée ? Si la mise au feu de cette bulle était notoire, et que ce fût sur ce fait que, dans le mémoire remis au cardinal Jean, Boniface eût demandé satisfaction au roi, on reconnaîtra que, de la part de Philippe, c'était une singulière manière de s'excuser que d'avouer qu'il avait brûlé une seconde bulle. Cette réponse de Philippe paraît avoir fort embarrassé les érudits. Quelques-uns, tels que l'abbé Fleury, ont admis que l'une et l'autre bulle avaient été brûlées, sans chercher à expliquer ce qu'il y avait d'étrange dans cette répétition d'un même fait[2]; d'autres, persuadés que le pontife, dans le mémoire confié par lui au cardinal Jean, avait voulu designer la bulle *Ausculta fili*, semblent avoir omis à dessein la réponse du roi[3]. En ce qui regarde Boniface, on ne saurait douter qu'il n'eût été informé de ce qui avait été fait des lettres concédées par lui à l'Église de Laon. Des textes positifs attestent qu'il était parfaitement instruit de ce qui concernait cette Église[4]. On sait d'ailleurs combien nombreux étaient

1. Boniface connaissait particulièrement ce comte de Saint-Pol, que Philippe avait envoyé à Rome quelques années auparavant au sujet de sa querelle avec le roi d'Angleterre. *Hist. de la maison de Chastillon*, André Duchesne, p. 275-277, in-folio. Paris, 1621.

2. Fleury, *Hist. ecclés.*, t. XIX, p. 17, 39, 41.

3. Boutaric, *la France sous Philippe le Bel*, p. 108.

4. Non seulement on doit croire que, selon les injonctions du pape, l'évêque de Dol transmit des explications au saint-siège sur le peu d'effet de son arbitrage, mais, dans une lettre du mois d'avril 1303 adressée au cardinal Jean, Boniface parle lui-même de l'Église de Laon en des termes qui prouvent qu'il était très au courant de ce qui la concernait. Dans cette lettre, il mande impérieusement à Rome les évêques et les abbés qui ne se sont pas rendus au concile tenu par lui au mois de novembre de l'année précédente; il en dispense toutefois certains

les renseignements qui parvenaient alors à Rome sur tout ce qui se passait en France. Si donc le pape n'ignorait pas que deux bulles avaient été brûlées, comment, à son tour, ne parle-t-il que d'une seule ?

A en croire certains historiens, il n'y aurait pas eu deux bulles brûlées ; il y en aurait eu trois. Baillet, se fondant sur le récit de Philippe, ne met pas en doute que la bulle relative à l'Église de Laon n'ait été brûlée ; il admet également, d'après le texte de Dupuy, que la bulle *Ausculta fili* l'avait été le 11 février 1302 sur l'injonction du roi. Toutefois il affirme que Villani s'est trompé en disant que le comte d'Artois avait, dans un mouvement de colère, jeté celle-ci au feu. Villani, écrit-il, et après lui Sponde et Marca qui l'ont suivi[1] ont confondu cet incident avec un autre qui s'était passé quatre ans auparavant à l'occasion de la guerre survenue entre Philippe et le roi d'Angleterre et dans laquelle Boniface s'était interposé comme arbitre. Prenant parti non seulement pour le roi d'Angleterre, mais pour le comte de Flandre, allié de ce prince, le pape, au dire de Baillet, aurait exigé que Philippe remît au comte les terres qu'il lui avait prises et lui rendît sa fille retenue prisonnière au Louvre. Le comte d'Artois se trouvait aux côtés de Philippe lors de la réception de la bulle qui contenait cette sentence. Irrité de la partialité du pontife pour les Flamands, ce seigneur aurait brusquement saisi la bulle aux mains du prélat qui en donnait lecture, l'aurait déchirée avec ses dents, puis jetée au feu[2]. Mais ce récit, emprunté par Baillet à des annalistes flamands du XVIe siècle qui ne méritent aucune créance[3], et reproduit de nos jours par quelques historiens[4], est de tous points erroné. La sentence arbitrale rendue par Boniface était, au contraire,

prélats et nommément l'évêque et le chapitre de l'Église de Laon qu'il sait avoir souffert de nombreuses et pénibles épreuves (qui multa sunt passi gravamina et pressuras). Arch. nat., J 490, n° 754.

1. Voir dans une note ci-dessus ce que j'ai dit de Sponde. Quant à Marca, il a en effet parlé, dans son traité *De concordia sacerdoti et imperii,* de la mise au feu de la bulle *Ausculta fili*, ne citant à l'appui de ce fait que Villani et Sponde. Ni Marca, ni Sponde, au moment où ils publièrent leurs ouvrages, ne connaissaient d'ailleurs le recueil de Dupuy, qui ne fut imprimé que plusieurs années après.

2. Baillet, *Hist. des démélés,* p. 78-83, 151, 222.

3. J. Meyer, *Annal. Flandr.,* p. 87, in-folio, 1561. Cf. Oudegherst, *Chronique de Flandre.*

4. Michelet, *Hist. de Fr.*

très favorable à Philippe, et, bien loin que le pape se montrât partial pour les Flamands, le comte de Flandre n'était pas même nommé dans cette sentence[1].

Si, comme tout porte à le croire, une seule bulle a été brûlée, c'est celle qui regarde l'Église de Laon. A quel moment l'at-elle été, ou, pour parler autrement, à quelle date eut lieu la séance du Parlement où le fait s'est produit? Cette bulle, étant datée du 16 mars 1301, n'a guère pu arriver à destination avant les derniers jours d'avril[2]. Le différend relatif à l'Église de Laon n'a conséquemment été porté devant l'évêque de Dol et le comte de Saint-Pol qu'entre la fin d'avril et le 25 décembre 1301, date extrême assignée par le pape. Le chapitre ayant ensuite porté le procès à la cour du roi, l'affaire n'a pu être plaidée et le jugement rendu que dans la session du Parlement qui se tint de la Toussaint 1301 à la fin de mars 1302, et après laquelle on sait qu'il n'y eut pas d'autre session jusqu'à l'année suivante[3]. C'est donc, selon toute vraisemblance, entre le 25 décembre 1301 et les derniers jours de mars 1302 qu'a eu lieu la séance en question. Nous nous trouvons ainsi nous rapprocher de la date indiquée par le texte de Dupuy. Les *Olim* nous apprennent d'ailleurs qu'il y eut séance du Parlement les 4, 8, 9, 14, 15, 17, 20 et 22 février[4]. Il ne serait donc pas impossible, — à supposer exacte la date donnée par Dupuy, — que le Parlement eût siégé le dimanche 11 février pour l'affaire de Laon[5]. On sait qu'avec des légistes de grands seigneurs assistaient à ces séances, surtout quand le roi s'y trouvait[3]. Ainsi s'expliqueraient, dans la lettre

1. Kervyn de Lettenhove, *Hist. de Flandre*, t. II, p. 416, 417, in-8°, 1847. Cf. du même auteur *Recherches sur la part de l'ordre de Cîteaux au procès de Boniface VIII.*

2. On estime à quarante jours environ la durée qui était alors nécessaire pour le trajet de Rome à Paris.

3. Voy. le tableau des sessions du Parlement de 1301 à 1314 dans *La France sous Philippe le Bel*, p. 195.

4. Boutaric, *Actes du parlement de Paris*, t. II, p. 16, 17.

5. Je suis porté à penser que cette date du dimanche 11 février représente la date de la réception de la bulle *Ausculta fili*, et non celle de la séance du Parlement qui s'occupa de l'affaire de Laon, date trop peu importante pour que l'auteur anonyme cité par Dupuy en ait gardé le souvenir. On a vu ci-dessus qu'il ressort de témoignages positifs que la bulle *Ausculta fili* a été présentée au roi dans les premiers jours de février, et, d'une autre part, nous tenons de Pierre Du Bois (*De recuper.*, c. 70) que cette présentation eut lieu un dimanche.

6. Voy. le *Nouveau coutumier général de Champagne*, t. III, p. 209-236, in-f°.

au duc de Bourgogne et dans le mémoire de Boniface, les mots où il est dit qu'une bulle a été brûlée en présence du roi et d'un certain nombre de personnages. Le comte d'Artois a pu assister à la séance dont il s'agit, puisqu'il était à Paris pour l'assemblée de Notre-Dame du 10 avril 1302. Dès lors rien n'empêcherait que ce fût lui qui eût jeté au feu, comme inutile, la bulle relative à l'Église de Laon. Il ne faudrait pas toutefois insister plus qu'il ne convient sur une particularité que Villani a été seul à mentionner.

Tels sont, à mes yeux, les véritables faits, dont la légende se sera ensuite emparée pour les modifier, comme elle en a modifié plusieurs autres qui se rattachent à la célèbre querelle de Philippe et de Boniface. La mise au feu de la bulle qui concernait l'Église de Laon était en soi un fait insignifiant et sans portée, et qui, pour cette raison, a pu passer inaperçu des chroniqueurs contemporains. Mais peu à peu le public est venu à savoir qu'un des griefs du pape contre Philippe était qu'une bulle avait été brûlée en présence du roi et de ses barons. Or une seule bulle occupait alors les esprits, la bulle *Ausculta fili*, que tout le monde connaissait à cause du bruit qui s'était fait à son occasion et des graves événements dont elle avait été le point de départ. De là à supposer, puis à croire que c'était cette bulle qui avait été brûlée, la transition était aisée. La bulle *Ausculta fili* ayant été présentée au roi à une date très voisine de celle où la bulle concédée à l'Église de Laon avait été jetée au feu, cette circonstance a dû encore aider à la confusion [1]. Autant qu'on peut le conjecturer, ce serait sur la fin du règne de Philippe que la légende aurait commencé de se former, d'abord dans le midi de la France, — c'est-à-dire sur le chemin de Paris à Rome, — pour de là passer en Italie, où Villani l'aurait accueillie et peut-être amplifiée. Du moins Ber-

---

1. Si l'on admet avec moi que la bulle brûlée dont fait mention la lettre au duc de Bourgogne est la bulle concédée à l'Église de Laon, on doit croire que celle-ci a été détruite peu après la présentation au roi de la bulle *Ausculta fili ;* car le rédacteur qui, au début, parle des diverses lettres de Boniface (series litterarum) apportées à Paris par Jacques des Normands, et qui s'étend sur les preuves de sollicitude que le pontife y donne à l'égard du roi, énumère ensuite les fautes dont Philippe, depuis ce moment, s'est rendu coupable envers le saint-siège, et, lui reprochant tout d'abord d'avoir laissé brûler une bulle en sa présence, fait précéder cette énumération de ces mots caractéristiques : « **Sed quid est indè secutum ?** »

nard Gui, qui écrivait dans le midi et dont l'ouvrage parut en 1315, est le premier qui ait mentionné le fait. L'auteur anonyme du texte rapporté par Dupuy a été plus loin. Confondant lui aussi la bulle relative à l'Église de Laon avec la bulle *Ausculta fili*, non seulement il a cru que celle-ci avait été brûlée par ordre du roi, mais il a supposé que cette exécution avait ensuite été criée dans tout Paris. Cet accroissement apporté à la légende me porte à penser que cet auteur écrivait, de même que Villani, à une époque déjà avancée du XIVe siècle. Un indice plus précis peut être tiré de la déclaration qu'il prête au roi dans le texte additionnel reproduit par Dupuy et que j'ai cité au début de ce mémoire. D'après ce second texte, Philippe, ainsi qu'on l'a vu, aurait déclaré publiquement qu'il condamnait ses fils, si jamais ils avouaient tenir la couronne d'un autre que Dieu. Or il ne semble pas que cette déclaration eût pu être mise dans la bouche du roi, si ses trois fils n'eussent déjà régné. On est donc fondé à croire que l'auteur écrivait au plus tôt à l'époque de Philippe VI de Valois.

En résumé, 1° il me paraît avéré que, si la bulle *Ausculta fili* a été brûlée, elle l'a été sans l'éclat et surtout sans la publicité que mentionne le texte de Dupuy, en présence du roi, il est vrai, mais non sur son ordre, et par l'effet d'une circonstance à laquelle on ne peut affirmer qu'il ait eu aucune part ; 2° si la bulle *Ausculta fili* a été brûlée dans les conditions que je viens d'énoncer et qui sont les seules possibles, il faut, de toute nécessité, admettre que deux bulles ont été brûlées, puisque, de l'aveu du roi, la bulle relative à l'Église de Laon a été jetée au feu ; à quoi l'on doit ajouter que ces bulles ont été brûlées l'une et l'autre à des dates très rapprochées. Mais la destruction de la bulle *Ausculta fili* n'est signalée que par deux chroniqueurs, Bernard Gui et Villani, dans des récits entachés de nombreuses inexactitudes et dont j'ai démontré la faible autorité ; la destruction de la seconde est, au contraire, attestée par un document authentique émané de Philippe lui-même. De ces considérations ainsi résumées ressortent deux conclusions. La première, et en même temps la plus importante, est que le fait de la mise au feu de la bulle *Ausculta fili*, — si l'on persiste à l'admettre, — a eu lieu dans des conditions qui lui ôtent toute portée, et qu'il faut dès lors dépouiller cet événement du caractère que lui ont jusqu'ici attribué les historiens ; la seconde est que ce fait même est douteux, et qu'il y a des raisons solides, sinon tout à fait péremptoires, pour le rejeter parmi les légendes qui se rattachent à l'histoire du pontificat de Boniface VIII.

LETTRE DE BONIFACE VIII

DU 16 MARS 1301

A L'ÉVÊQUE DE DOL ET AU COMTE DE SAINT-POL[1].

Venerabili fratri Th. episcopo Dolensi et dilecto filio nobili viro G. comiti Sancti Pauli.

In afflictionibus et persecutionibus ecclesiarum et ecclesiasticarum personarum, cum eas ad nostrum pervenire contigit auditum, perfunditur mens nostra meroribus et affligimur compassionis affectibus circa eas. Et ne desit in nobis, ad quem universaliter pertinet regimen earumdem, vigilis et diligenti (*sic*) cura pastoris, nedum libenter quinimmo desiderabiliter, nunc per viam justitie, nunc per adhibitionem favoris et apostolice potestatis, nunc etiam per modum concordie, ipsis de salubri remedio providemus, ut vigentes in pulcritudine pacis divinis reddantur obsequiis acriores. Ad hoc quoque singuli, quos ducit zelus fidei et devotionis fervor ad Deum, debent efficacibus operibus insudare, ut ecdem ecclesie ac persone salubri statu refloreant et quietis ubertate letentur, cum non sit vergendum in dubium quod defensores et promotores earum grati et cari divino conspectui presentantur et quod maledictionis judicio feriuntur qui eas affligunt prosecutionibus et jacturis. Sane dudum ex parte venerabilis fratris nostri... episcopi et dilectorum filiorum... decani et capituli Laudunensis querelis gravibus expositis coram nobis super diversis injuriis dampnis gravaminibus et pressuris per cives Laudemenses eis ut asserebant illatis, ex quibus etiam inter eosdem, episcopum, decanum et capitulum ex parte una et predictos cives ex altera gravia scandala contigerunt ac exorta est gravis materia questionis, nos in favorem ecclesie Laudunensis ac predictorum episcopi,

---

1. Reg. Bon. VIII, n° iv, fol. xxᵃ, n° LXXIII.

decani et capituli certis viis et modis apostolici potestatem officii
super hiis duximus adhibendam. Verum cum sicut accepimus prefati
cives pretextu discordie ex quovis hujusmodi nequitie spiritu contra
predictos ecclesiam, episcopum, decanum et capitulum concitati nec
contenti preteritorum illatione malorum cotidie offensas offensis et
mala malis accumulent, nos qui salutem desiderabiliter cupimus et
querimus singulorum et libenter inter Christi fideles quietis et pacis
comoda procuramus, desiderantes salubrem finem imponere super
hiis ac experiri volentes si per viam concordie hujusmodi turbationis
questionis et scandali materia presertim cum honore Dei ad salubrem
statum ecclesie Laudunensis predicte inter partes predictas valeat
amputari, sperantes quoque quinimmo pro firmo tenentes quod
ecclesiarum et ecclesiasticarum personarum injurie prosecutiones
et dampna vestris molesta votis accedantur et quod libenter earum
quietem et comoda procuretis, tanto vos ad id fidutialius et libentius
excitamus quanto utiliores fructus speramus ex vestris studiis et
operibus proventuros ; propter quod ministerium vestrum ad hujusmodi tractandam et promovendam concordiam duximus eligendum,
plenam de vobis gerentes fiduciam quod ob reverentiam divinam et
nostram interponatis in hiis efficaciter partes vestras. Quocirca pru-
dentiam vestram rogamus et hortamur in Domino, in remedium
vestrorum peccaminum injungentes, quatinus, infra festum Nativita-
tis Domini proximo futuram predictis partibus amicabiliter ad vestram presentiam evocatis et diligenter auditis que super premissis et
ea contengentibus coram vobis duxerint proponenda, ad reformandas
pacem et concordiam inter eas solers studium et sollicitam diligen-
tiam apponatis. Si autem, quod absit, per vestrum ministerium
hujusmodi pax et concordia minime provenirent, tu, frater episcope,
statum et conditiones negocii eodem elapso termino nobis per tuas
patentes litteras harum seriem continentes seriatius et fideliter inti-
mare procures, ut exinde plenius informati possimus super hoc de
efficatiori remedio providere.

Dat. Laterani XVII Kalendas aprilis anno septimo.

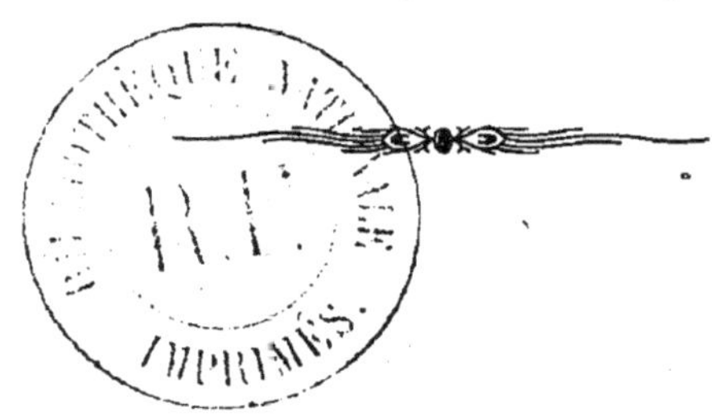

Extrait de la *Bibliothèque de l'École des chartes,*

t. XLIV, 1883.

Nogent-le-Rotrou, imprimerie DAUPELEY-GOUVERNEUR.